APPLICATION

DE

LA PÉREMPTION TRIENNALE

DE DROIT COMMUN

En matière d'Enregistrement

Rapport de M. BONJEAN

JUGE AU TRIBUNAL DE LA SEINE

Extrait de la *Gazette du Palais*
(Numéro du 25 Juillet 1895)

PARIS

AUX BUREAUX DE LA *GAZETTE DU PALAIS*

3, BOULEVARD DU PALAIS

1895

APPLICATION

DE

LA PÉREMPTION TRIENNALE

DE DROIT COMMUN

En matière d'Enregistrement

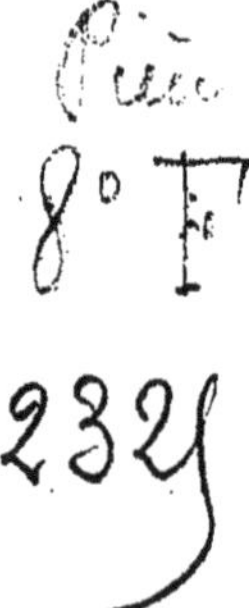

APPLICATION

DE

LA PÉREMPTION TRIENNALE

DE DROIT COMMUN

En matière d'Enregistrement

Rapport de M. BONJEAN

JUGE AU TRIBUNAL DE LA SEINE

Extrait de la *Gazette du Palais*
(Numéro du 25 Juillet 1895)

PARIS

AUX BUREAUX DE LA *GAZETTE DU PALAIS*

3, BOULEVARD DU PALAIS

—

1895

LA PÉREMPTION TRIENNALE

DE DROIT COMMUN

TRIBUNAL CIVIL DE LA SEINE (2ᵉ Cʜ.)

20 juillet 1895.

Présidence de M. Thureau.

ENREGISTREMENT. — PÉREMPTION. — 1° RÔLE DE
DEMANDEUR. — OPPOSITION A CONTRAINTE. — ACTE
INTRODUCTIF D'INSTANCE. — 2° CONGRÉGATIONS
RELIGIEUSES. — POURSUITES.

*1° La qualité de demandeur incombe toujours au
créancier qui poursuit son débiteur, soit qu'il
porte sa réclamation devant le tribunal pour
obtenir un jugement de condamnation, soit
qu'ayant agi par voie d'exécution parée, le
Tribunal soit saisi par l'opposition du débiteur :
cette opposition n'est en effet qu'un moyen de
défense tendant à repousser l'action du créancier en la faisant déclarer nulle et mal fondée.*

*Il en est ainsi notamment du débiteur qui porte
en justice son opposition à un jugement par
défaut ou qui demande la nullité soit d'une
saisie, soit d'un commandement.*

*.....Et spécialement du redevable qui forme oppo-
sition à la contrainte délivrée contre lui par
l'Administration de l'enregistrement.*

*... Il en est ainsi en ce cas, alors même que l'on
admettrait que le rôle de demandeur appartient
à celui à la requête duquel l'assignation est*

1

délivrée, la contrainte étant, aux termes de la loi de frimaire an VII, l'acte introductif d'instance et constituant la demande en justice.

En conséquence ledit redevable peut, ayant conservé le rôle de défendeur après avoir formé opposition à la contrainte délivrée contre lui, invoquer la péremption de l'instance.

2° Le droit pour les congrégations redevables à l'Administration de l'enregistrement d'invoquer la péremption de l'instance en paiement desdits droits est implicitement reconnu par le législateur qui, dans les trois lois des 17 décembre 1894, art. 6 ; 23 février 1895, art. 5, et 6 avril 1895, art. 9, a suspendu pendant des délais successifs les prescriptions et péremptions qui auraient pu être acquises pendant ces délais au profit des congrégations débitrices, c'est-à-dire opposantes aux poursuites contre elles exercées.

Congrégation des Filles de la Charité de Saint-Vincent-de-Paul c. l'Enregistrement.

On nous saura gré de donner, avant le texte du jugement rendu par la 2e Chambre sur cette question toute nouvelle, celui du savant rapport dans lequel M. Bonjean, juge rapporteur, a dégagé les principes du droit et de la jurisprudence de telle façon qu'aucune hésitation ne semble pouvoir subsister.

Voici ce rapport :

MESSIEURS,

La Congrégation des Filles de la Charité de Saint-Vincent de Paul vous demande jugement dans le procès qu'elle soutient contre l'Administration de l'enregistrement ; celle-ci de son côté reconnaît l'affaire en état, et renonce à répliquer au dernier mémoire de son adversaire.

Il ne vous reste donc plus qu'à trancher la question qui vous est soumise et qui porte, non pas sur l'application des lois successives qui, depuis 1880, ont frappé de taxes particulières les communautés religieuses, mais simplement sur un point de procédure, à savoir si le redevable contre lequel la Régie poursuit le recouvrement de droits dus ou non, peut, sans aborder le fond, invoquer la péremption de trois ans organisée par les articles 397 et suivants du Code de procédure civile.

Voici tout d'abord dans quelle situation de fait l'affaire se présente :

Le 23 janvier 1886, l'Administration de l'enregistrement a fait signifier à la Compagnie des Filles de la Charité de Saint-Vincent une contrainte tendant au paiement de la somme de 1.687 fr. 50 c., à laquelle elle liquidait provisoirement le montant des droits exigibles sur les accroissements qui se seraient opérés par le décès de quatre sœurs de Saint-Vincent de Paul au profit des membres restants, dans les biens meubles ou immeubles appartenant à la Congrégation à Paris.

Le 30 janvier 1886, opposition a été formée par la Congrégation à cette contrainte, avec assignation devant le Tribunal civil de la Seine pour en voir prononcer la nullité, conformément à la procédure spéciale prescrite par la loi en ces matières.

Le 5 mai 1886, l'Administration a fait signifier un mémoire à l'appui de ses prétentions, auquel la Congrégation a répondu par un mémoire notifié le 15 juin 1886.

Le 9 août 1886, l'Administration a signifié un mémoire en réplique, et, le 1er décembre de la même année, la Congrégation a elle-même répliqué par un dernier mémoire.

Depuis cette époque, l'Administration n'a pas poursuivi la solution de cette instance, et elle était encore pendante devant le Tribunal de la Seine, lorsque, le 15 octobre 1890, l'Administration a décerné contre la Congrégation à Paris une nouvelle contrainte tendant au paiement de la somme de 200.000 francs, montant des droits et demi-droits d'accroissement exigibles, suivant elle, en raison du décès de 82 religieuses de 1885 à 1889.

Le 22 octobre 1890, cette contrainte a été, comme la première, frappée d'opposition, avec assignation devant le Tribunal pour en voir prononcer la nullité.

Le 4 décembre 1890, l'Administration a signifié un mémoire, auquel la Congrégation a répondu le 20 avril 1891.

A partir de cette dernière date (20 avril 1891), aucun acte de procédure n'a été échangé dans la cause.

C'est dans ces circonstances que par deux exploits du ministère de Gillet, huissier à Paris, en date du 11 mai 1894, la Congrégation des Filles de la Charité a formé contre l'Administration de l'enregistrement une demande tendant à faire prononcer la péremption des deux instances susvisées dans les termes de l'art. 397 C. pr. civ., par ce motif qu'il s'est écoulé plus de trois ans sans qu'aucun acte de procédure ait été échangé, et à faire déclarer nuls et non avenus tous les actes de procédure constitutifs desdites instances depuis et y compris les oppositions à contrainte des 30 janvier 1886 et 22 octobre 1890. Le 28 septem-1894, l'Administration a fait signifier un mémoire par lequel elle conclut à ce que la compagnie soit déclarée non recevable dans sa demande en péremption.

Les Filles de la Charité ont à leur tour signifié un dernier mémoire, laissé, comme je l'ai dit, sans réponse, et que le Tribunal me permettra de lui lire intégralement, tant son argumentation aussi serrée que concise rendrait périlleux le moindre retranchement.

Voici ce mémoire :

« Toute l'argumentation de l'Administration se résume dans les propositions suivantes :

« Il résulte, dit-elle, sinon des termes formels du Code de procédure civile (art. 397-401), du moins de son esprit et de ses motifs, que la faculté de demander la péremption d'instance appartient exclusivement au défendeur. D'autre part, ajoute-t-elle, il est reconnu par la jurisprudence que c'est l'opposition qui seule constitue l'instance, et non pas la contrainte. Dès lors, la Congrégation des Filles de la Charité, occupant le rôle de demanderesse, puisque c'est à sa requête qu'ont été signifiées les oppositions des 30 janvier 1886 et 22 octobre 1890, introductives de l'instance, n'est pas recevable à invoquer la péremption ; l'Administration seule, en sa qualité de défenderesse, pourrait user du privilège édicté par l'article 397 du Code de procédure civile.

« Ces considérations ne sont pas de nature à être accueillies par le Tribunal.

« Nous pourrions concéder à notre adversaire qu'en principe, c'est le défendeur qui a seul qualité pour demander la péremption. S'il en est autrement du demandeur, ce n'est pas seulement parce qu'il est chargé d'entretenir et de poursuivre le procès engagé par lui-même dans son propre intérêt. C'est que, pour arriver au même but que la péremption procure au défendeur, c'est-à-dire éteindre l'instance et remettre les choses au même état que si la poursuite n'avait pas été intentée, la loi met à sa disposition un autre moyen : le désistement, lequel (on va le voir dans un instant), ne peut pas produire ce résultat dans les instances d'enregistrement.

« Mais la question n'est pas là ; il s'agit de savoir à qui, en matière d'enregistrement, de l'Administration qui poursuit le recouvrement de l'impôt ou du contribuable qui en conteste l'exigibilité, appartient en réalité le rôle de demandeur ou celui de défendeur, avec les privilèges légaux qui dérivent de l'une ou de l'autre qualité.

« Le demandeur, ainsi que le nom l'indique, c'est
celui qui demande quelque chose ; qui réclame l'exécution d'une obligation ; qui poursuit en justice la
condamnation au paiement d'une dette. Or, dans
l'espèce, c'est bien l'Administration qui, se prétendant
créancière du droit d'accroissement, poursuit contre
la Congrégation le paiement de sa dette, qui *demande*
au Tribunal de prononcer une condamnation contre
sa débitrice. La Congrégation se borne à se défendre
contre l'Administration. C'est donc bien, au fond des
choses, l'Administration qui est demanderesse.

« Sans doute la loi a accordé au Trésor le privilège
de se conférer à lui-même un titre exécutoire en décernant une contrainte, dont l'effet ne peut être suspendu que par une opposition formée devant le Tribunal. Mais cette procédure spéciale, motivée par un
intérêt de célérité, n'a pas pour conséquence d'intervertir les rôles, et d'enlever à l'Administration celui
de demanderesse que la nature des choses lui assigne.
La forme ne saurait emporter le fond. Il en résulte
seulement que l'Administration est autorisée à former
sa demande au moyen d'une contrainte, au lieu de
procéder par la voie d'une assignation dans les
termes du droit commun. La contrainte en effet constitue une demande en justice. C'est ainsi qu'elle est
qualifiée par la Cour de cassation : « Attendu, dit la
« Chambre civile dans un arrêt du 28 janvier 1890
« (Dall. 1890.1.177-181) que, si la contrainte dé-
« noncée est un titre exécutoire qui donne à l'Adminis-
« tration le droit d'exercer des poursuites, et *si elle*
« *constitue une demande en justice* dont l'effet re-
« monte au jour où elle a été formée, elle ne saurait
« avoir pour résultat, etc... »

« Si la contrainte constitue une demande en justice,
l'Administration en la décernant se constitue demanderesse ; le contribuable contre qui elle est décernée
est bien le défendeur, et il reste tel même après qu'il
a formé opposition, puisque la loi n'autorise aucun

autre moyen de défense pour repousser la contrainte : il est donc recevable à invoquer la péremption.

« C'est ce qu'enseigne Dalloz (Répertoire, V. Péremption, n° 53) : « Dans les matières d'enregistrement, « c'est la Régie qui a délivré la contrainte en paiement « des droits, et non la partie contre laquelle elle est « décernée et qui a formé opposition, qui est demande- « resse dans le sens de l'art. 401, et c'est celle-ci qui a « qualité pour former une demande en péremption. »

« Et il cite à l'appui de cette doctrine un arrêt de la Cour de Liège, en date du 4 juillet 1839, dont les motifs ne souffrent pas de réplique. En voici le texte : « Attendu qu'aux termes de l'article 64 de la loi du « 22 frimaire an VII, le premier acte de poursuite, « pour le recouvrement des sommes dues à l'Etat, est « une contrainte ; que si, pour interrompre l'exécu- « tion, la partie contre laquelle elle est décernée doit « y former opposition avec assignation devant le Tri- « bunal compétent, cette démarche forcée de sa part « a pour but de lier l'instance, mais n'intervertit pas « les rôles respectifs des parties ; qu'en effet, c'est « toujours à l'Administration qui a décerné la con- « trainte à justifier le fondement de sa demande, c'est « à elle à poursuivre l'instance et à faire tous les « actes et devoirs propres à lui faire obtenir l'objet « de la contrainte ; d'où il suit qu'elle est réellement « demanderesse, et que l'article 401 du Code de pro- « cédure civile lui est applicable ; qu'au surplus la « péremption est le seul moyen au pouvoir des dé- « fendeurs originaires pour mettre fin à l'instance, « puisque le désistement n'atteignant que l'opposition « les ferait retomber sous le poids de la contrainte. » (Dalloz, *Répertoire, loc. cit.*)

« Vainement la Régie objecte que l'instance n'est engagée que par l'assignation qui accompagne l'op- position formée par le redevable, et que, dès lors, c'est à l'opposant qui assigne qu'appartient le rôle de demandeur. La demande en nullité de la contrainte n'est qu'une défense à la demande constituée par cette contrainte ; c'est la contrainte qui est le premier acte de poursuite, et le redevable, qui n'a pas d'autre moyen légal de défendre à la contrainte que d'en demander la nullité, reste toujours en réalité le défendeur.

« C'est ce qu'une jurisprudence, désormais constante, a reconnu dans une matière qui présente avec l'espèce actuelle une complète analogie. Aux termes de l'article 2 § 3 de la loi du 11 avril 1838, il est statué en dernier ressort sur les demandes en dommages-intérêts, quand elles sont fondées exclusivement sur la demande principale elle-même, alors même qu'elles dépassent le taux du dernier ressort, c'est-à-dire quand elles sont formées par le défendeur.

« La jurisprudence a eu souvent à examiner, pour déterminer le taux du dernier ressort, à qui, dans une situation juridique entièrement semblable à la nôtre, appartient en réalité le rôle de demandeur. En matière de saisie, il a été jugé que ce sont les actes de poursuites qui sont considérés comme le fondement de l'instance, et que le débiteur qui demande la nullité de la saisie est réputé défendeur. Il en est ainsi notamment à l'égard du débiteur qui forme opposition à un commandement de payer, et en demande la nullité avec dommages-intérêts (Dalloz, Répert., V. Degré de juridiction, n°s 209 et suiv., Montpellier, 15 février 1851 ; Bordeaux, 9 décembre 1852 ; Orléans, 14 juin 1862 ; Caen, 5 février 1867, D. P. 51.6.164 ; 55.5.142 ; 62.2.139 ; 69.2.25), ou de celui qui introduit une instance en validité d'opposition à une saisie avec conclusions à des dommages-intérêts en raison du préjudice résultant de la saisie (Cass., 16 et 23 août 1864 ; Pau, 25 octobre 1886 et 14 janvier 1889, D. P. 64.1.352, 353 ; 37.2.104 ; 90.2.71). Cette jurisprudence est fondée sur ce motif, en effet péremptoire, que la situation réelle des parties est déterminée par l'objet qu'elles poursuivent respectivement, et que l'opposition faite à un commandement ou la demande en nullité d'une saisie n'ont pas pour

conséquence de déplacer le rôle véritable de chacune
d'elles. »

J'en ai fini, Messieurs, avec le mémoire des Filles
de la Charité, à l'exception d'un feuillet qui prendra
place d'une façon plus utile à la fin de ce rapport.

Vous savez déjà que l'Administration n'a point
répondu ; mais ce serait une erreur de penser que ce
silence pourrait être interprété comme un aveu
d'impuissance à lutter contre l'argumentation remarquable que vous venez d'entendre.

En effet, la Régie en a repris toutes les parties, pour
les combattre, dans une réponse signifiée au cours
d'une seconde affaire absolument identique et qui
intéresse la Congrégation de Marie-Auxiliatrice de
l'Immaculée-Conception.

Bien que cette réponse n'appartienne pas au procès
qu'on vous demande aujourd'hui de juger, je dois
néanmoins vous la faire connaître : tout d'abord
parce qu'elle constitue une importante dissertation
que le Tribunal a le droit de consulter comme toute
étude doctrinale susceptible d'éclairer sa religion, et
ensuite parce que, si la Régie ne l'a pas fait égale-
ment signifier, avec les variantes naturelles, aux Filles
de la Charité, c'est uniquement pour obéir à une
préoccupation respectable d'économie et de simplifi-
cation. En effet, toutes les instances dont vous êtes
saisis au sujet de la péremption sont logiquement en
fait, sinon en procédure, essentiellement connexes,
d'où suit qu'il suffit, devant ce Tribunal, d'avoir
épuisé dans l'une quelconque de ces affaires tous les
moyens de discussion, pour que toutes leurs com-
pagnes s'en trouvent par reflet suffisamment éclai-
rées.

Lisons donc cette réponse :

« Et d'abord, les adversaires s'attachent trop à
« l'acception vulgaire du mot « demandeur ».

« Sans doute, dans un sens général, celui qui fait

une réclamation se nomme demandeur; mais, en droit, ce mot a une signification toute différente; en pareille matière, on qualifie *demanderesse* la partie à la requête de laquelle a été donné l'exploit introductif d'instance, *encore bien que cet exploit ne tende qu'à faire déclarer l'autre partie mal fondée dans sa demande* (Sirey et Gilbert, *Code de procédure annoté*, art. 397, note 74). — Quant à la partie *assignée*, elle est réputée *défenderesse*.

« Cette manière de voir a été adoptée par la Cour de cassation et par tous les auteurs, notamment par Dalloz (*Répertoire*, V. ACTION, page 19, n° 67) : « On doit regarder, dit ce dernier, comme *deman-* « *deur* celui qui *introduit l'instance* et comme *défen-* « *deur celui contre lequel elle est dirigée :* aussi la « Cour de cassation a-t-elle réputé *demandeur celui* « *qui a donné l'assignation introductive d'instance* « alors que cette assignation tend uniquement à faire « déclarer non recevable une tierce-opposition non « encore formée et qui ne l'a été que sur cette même « assignation. (Cass. Req. 10 décembre 1839.) »

« Dans l'espèce, l'Administration ayant été assignée à comparaître devant le Tribunal, il est hors de doute qu'elle est défenderesse à l'instance introduite par ses adversaires, lesquelles par contre doivent être réputées demanderesses. »

C'est en ces termes que la Régie formule sa première conclusion. Celle-ci est-elle aussi solide que la forme en est absolue? Je ne le pense pas, et cela pour deux raisons :

La première, c'est qu'il est inexact d'affirmer, même dans la procédure de droit commun, que celui qui assigne doit toujours être considéré comme *demandeur*. Le mémoire précité des Filles de la Charité nous en a déjà fourni plusieurs exemples saisissants auxquels nous en ajouterons plus loin de nouveaux.

La seconde, c'est que, alors même qu'en droit

commun l'assignation constituerait toujours demanderesse la partie qui l'a fait signifier, il serait téméraire de conclure à un résultat identique dans notre
espèce.

Et pourquoi? Précisément parce que les instances
d'enregistrement sont *impérativement* soumises à
une procédure spéciale, à laquelle les parties doivent
nécessairement obéir, et qui, bouleversant le sys-
tème du Code de procédure, enlèvent toute valeur aux
arguments *de forme*.

Aussi je ne discuterai pas l'arrêt de 1839 invoqué
par l'Administration. Il suffit d'ailleurs de le lire
pour en reconnaître le caractère tout spécial. Cette
décision énonce il est vrai que la partie, à la requête
de laquelle l'assignation est donnée, doit être consi-
dérée comme demanderesse. Mais, dans l'espèce, il ne
pouvait en être autrement, puisque cette partie de-
mandait la nullité d'une *tierce-opposition non encore
formée*; elle prenait ainsi de son plein gré, par une
précipitation inexplicable, qui lui donnait bien le
rôle reconnu par la Cour suprême, l'initiative d'une
instance dans laquelle elle eût incontestablement
conservé le rôle de défenderesse, si elle s'était
bornée à répondre, soit à la requête, soit à l'action
principale du tiers opposant.

Toute autre est la situation du redevable auquel la
loi impose l'obligation de se défendre contre la contrainte par une opposition contenant assignation, et
qu'on ne saurait punir de suivre la voie qui lui est
prescrite.

Mais la Régie ne s'en tient pas là, elle prend corps
à corps le second point de l'argumentation de son
adversaire, c'est-à-dire le véritable caractère soit de
la contrainte, soit de l'opposition :

« La contrainte, dit-elle, est un acte de poursuite
par lequel on met simplement le contribuable en
demeure de se libérer. Elle ne contient ni assignation à comparaître, ni indication des juges qui de-

vront connaître de l'affaire. On se borne à énoncer :
1° les noms et domicile du redevable ; 2° le montant
des droits dus ; 3° et succinctement l'objet de la
réclamation. Par conséquent, la contrainte ne peut
engager l'action ; d'où il résulte qu'elle ne saurait
fixer les rôles respectifs des parties dans l'instance
et encore moins avoir pour effet de renverser ces
rôles qui ne sont pas encore établis. Il est de toute
évidence qu'on ne peut intervertir ce qui n'existe
pas. L'objection soulevée sur ce point par le rédac-
teur du mémoire n'est donc pas sérieuse.

« C'est l'exploit d'ajournement qui, en invitant l'adversaire à comparaître devant le tribunal compétent
à un jour déterminé, saisit l'autorité judiciaire de
l'affaire, et fixe le rôle réciproque des plaideurs dans
le procès (arrêt du 10 décembre 1839, déjà cité).

« Dans ce sens, la Chambre des requêtes a reconnu,
le 25 mars 1874 (Inst. 2487, § 7 ; S. 75.1.86 ; D. 74.1.
367) que, « lorsque c'est la Régie qui agit en recou-
« vrement....., l'instance spéciale réglée par l'arti-
« cle 64 de la loi du 22 frimaire an VII..... dépend du
« redevable et de son opposition à la contrainte ».

Je ne comprends pas bien l'utilité de cette citation,
car il est évident que l'instance dépend du redevable
et de son opposition à la contrainte. De deux choses
l'une ; en effet : ou le redevable s'exécute sur le vu de
la contrainte, et alors il n'y aura point instance
devant le Tribunal ; ou il résiste par l'opposition, et
alors le procès se trouvera lié. C'est donc le choix du
redevable qui liera ou ne liera pas l'instance ; voilà
ce que la Cour a dit, mais il n'en résulte pas qu'elle
reconnaisse à l'opposant le caractère de demandeur.

Sans doute, l'Administration revient encore sur son
affirmation, à savoir que l'exploit d'ajournement
détermine quelle est celle des parties en présence,
à qui appartient le rôle de demandeur. C'est incon-
testable en effet (sauf certaines exceptions), dans
les instances de droit commun ; mais il faudrait prou-

ver que, dans les procès d'enregistrement, l'opposition soit assimilable à l'exploit d'ajournement tel qu'il est compris par les articles 59 et suivants du Code de procédure civile, et qu'elle en produit tous les effets rationnels.

Or cette preuve est impossible, précisément parce que les articles 64 et suivants de la loi de frimaire an VII instituent un tout autre mécanisme que celui du Code de procédure civile.

C'est bien là, je pense, ce que veut dire Dalloz (Jurispr. générale ; Enregistrement, 7, p. 395) dans le passage suivant :

« En matière ordinaire, le créancier, qui n'a pas de
« titre ou qui n'a qu'un titre sous seing privé, est
« obligé d'obtenir *un jugement* contre son débiteur.

« La loi a voulu un mode plus expéditif pour le
« recouvrement des impôts. Le simple visa du juge
« de paix confère à la contrainte *l'exécution parée.*
« La contrainte est *le seul acte de poursuite* exigé
« par la loi de frimaire, et dans cette matière excep-
« tionnelle on ne saurait invoquer les règles de la
« procédure ordinaire (Cass. 16 juin 1823).

« Il suffit que la contrainte, *comme tout autre ex-*
« *ploit,* contienne un exposé précis de la demande. »

On ne saurait mieux indiquer que la contrainte visée par le juge de paix, et non l'opposition, remplace *l'exploit introductif* de la demande.

Je viens de dire que la *contrainte* introduisait la demande.

C'est ce point qu'aborde la suite du mémoire de la Régie dans les termes que voici :

« L'auteur du mémoire ajoute que, d'après la qualification donnée par la Cour de cassation (arrêt du 28 janvier 1890), la contrainte constituerait une demande en justice.

« Cette assertion est erronée.

« Ces termes « demande en justice », dont la Cour s'est servie accidentellement en parlant de la contrainte, n'ont pas ici la portée qu'on cherche à leur attribuer. Dans l'affaire qui lui était soumise, elle n'avait nullement à statuer sur le caractère de la demande formée par l'Administration ; il s'agissait seulement de savoir si le droit proportionnel est exigible sur un acte dont l'annulation a été prononcée judiciairement, lorsque la contrainte a été décernée contre le débiteur avant que l'action en nullité de cet acte ait été portée devant le Tribunal. La question a été résolue dans le sens de la négative. Très incidemment, un des considérants de l'arrêt porte : « Attendu que si la contrainte décernée est un titre « exécutoire qúi donne à l'Administration le droit « d'exercer des poursuites, et si elle constitue *une* « *demande en justice* dont l'effet remonte au jour où « elle a été formée, elle ne peut avoir pour résultat « de maintenir un droit dont l'extinction s'est opérée « avant la signification de la contrainte, puisqu'elle « remonte jusqu'à l'origine même du droit ; Attendu, « etc. » (*Rép. pér.*, n° 7369).

« Mais il est facile de voir que l'emploi accidentel de ces termes n'a pas le sens qu'on voudrait y attacher pour les besoins de la cause. »

Voilà ee qu'affirme le mémoire. Or le Tribunal dira sans doute, au contraire, qu'il est impossible de contester la portée considérable de la citation qui précède. D'après la Cour de cassation, qui n'a point l'habitude des incidentes inutiles et à plus forte raison erronées, « la *contrainte* constitue une *demande en justice* »; quoi de plus clair, mais aussi quoi de plus logique, puisque le Fisc, de par la loi d'exception qui régit ses procédures, n'a pas d'autre moyen que la contrainte pour réclamer ce qu'il croit lui être dû, et ne saurait recourir à un exploit d'ajournement.

Il est vrai que l'Administration prétend combattre cet arrêt de 1890 par un autre arrêt, celui du 7 mars 1883, qui contient les motifs suivants :

« Attendu qu'il résulte de l'ensemble des dispo-
« sitions de l'art. 64 de la loi du 22 frimaire an VII
« que, pour la perception des droits d'enregistre-
« ment, c'est l'*opposition* motivée et signifiée à la
« Régie, *avec assignation* devant les juges compé-
« tents, *qui constitue l'instance*; — que, par la con-
« trainte, l'Administration n'a point intenté l'ac-
« tion... » (Inst. 2683, § 4, p. 71).

Examinons d'abord dans quelles circonstances est
intervenu cet arrêt.

Il s'agissait notamment, entre une multitude d'autres questions, de savoir si le Trésor avait pu valablement décerner une contrainte contre la ville de
Bordeaux, alors que l'art. 54 de la loi du 18 juillet 1837
interdit d'intenter une action contre une commune
sans l'autorisation préalable du Conseil de préfecture.

Et la Cour de cassation de déclarer que la contrainte avait été valablement délivrée, parce que
l'assignation seule de l'opposant constituait l'instance,
et que, par la contrainte, l'Administration n'avait
point intenté l'action.

Mais la Cour régulatrice n'a pu vouloir ainsi
rompre, sans en donner de motifs précis, avec la
doctrine qu'elle avait toujours pratiquée jusqu'en
1883, et qu'elle a d'ailleurs continué depuis à pra
tiquer.

Je crois donc que dans l'espèce elle a voulu dire,
ce qui était parfaitement juridique, que l'opposition
seule liait l'instance; que jusque là il n'y avait
qu'une sorte d'instance embryonnaire, conditionnelle,
à laquelle l'opposition seule donnait son existence
définitive. Dès lors, l'autorisation du Conseil de préfecture n'était pas nécessaire, tant que la contrainte
ne s'était pas convertie en instance liée par l'opposition du redevable.

Si cette explication bien simple était repoussée,
il n'y aurait qu'à constater une fois de plus l'existence d'un arrêt *d'espèce* rompant accidentellement
avec une jurisprudence traditionnelle *de principe.*

Or cette dernière nous fournit dans notre matière spéciale une exceptionnelle garantie, puisqu'elle précède et qu'elle suit l'arrêt de 1883. Celui-ci se trouverait donc, au besoin, combattu dans son isolement, aussi bien par les anciens monuments de la jurisprudence si puissants sur certains esprits, que par les plus récentes formules de la Cour suprême, auxquelles d'autres esprits attachent une importance particulière.

Nous avons lu plus haut dans le mémoire de la Congrégation des Filles de la Charité l'opinion formelle de Dalloz, fortifiée par un arrêt de la Cour de Liège.

« Cette opinion, dit la Régie, s'est complètement modifiée, car on lit textuellement ce qui suit sous le n° 99 de son Code de procédure annoté (art. 397, page 492, dernière édition) : « Dans les matières d'en- « registrement *c'est la Régie qui a délivré la con- « trainte en paiement des droits*, et non la partie « contre laquelle cette contrainte est décernée et qui « y a formé opposition, qui *a qualité pour former* « *une demande en péremption.* »

Cette citation prouve simplement que les grands recueils de Dalloz contiennent sur ce point, comme sur quelques autres, des affirmations contradictoires. Entre les deux opinions, je n'hésiterais pas d'ailleurs à préférer la première, émise dans une étude spéciale de la péremption, à celle qu'on vient de lire, et qui a pris place incidemment dans le commentaire article par article du code de procédure civile proprement dit.

Ce revirement, il est vrai, serait, d'après l'Administration, la conséquence d'un arrêt de la Cour de cassation belge qui, réformant en 1840 la décision de Liége, déclare que le rôle du demandeur appartient au redevable qui introduit l'instance par une assignation, mais qui proclame en même temps que c'est au fisc qu'incombe néanmoins le fardeau de la preuve.

N'y a-t-il pas là deux affirmations bien contradictoires? En effet, le privilège essentiel du défendeur n'est-il pas précisément de n'avoir rien à prouver? Or, d'après l'arrêt dont s'agit, ce serait à la Régie défenderesse qu'incomberait le périlleux fardeau de la preuve!

Quoi qu'il en soit, ce n'est point la jurisprudence de nos voisins mais celle de notre pays qui nous intéresse, et il faut que cette dernière soit bien pauvre en faveur de la thèse administrative, pour que celle-ci en soit réduite à s'appuyer sur une décision prise à Bruxelles. Nous verrons tout à l'heure si notre jurisprudence nationale n'est pas plus riche en faveur de la théorie soutenue par les Filles de la Charité.

Mais, auparavant, il faut terminer l'examen du document que nous discutons :

« Le dernier argument des adversaires consiste à prétendre que le redevable qui fait opposition à la contrainte décernée par l'Administration se trouve dans une situation à peu près semblable à celle du débiteur qui forme opposition à un commandement aux fins de saisie signifié à la requête de son créancier. Or, dans ce dernier cas, disent-elles, la jurisprudence décide que la qualité de défendeur appartient à l'opposant qui assigne le poursuivant en nullité de la saisie et demande reconventionnellement des dommages-intérêts en raison du préjudice causé par cette saisie. Comme il n'existe aucun motif pour qu'il n'en soit pas de même en matière d'enregistrement, elles en concluent que, par analogie, on doit qualifier *défenderesse* la partie qui a formé opposition à la contrainte. »

Et après avoir ainsi rappelé la vigoureuse argumentation de ses adversaires, l'Administration se borne à faire remarquer que la question est controversée! On peut trouver la réponse quelque peu sommaire, et il aurait été plus utile, ce qu'on n'a pas fait, de prouver que l'assimilation dont s'agit était téméraire.

2

J'en ai fini, Messieurs, avec l'exposé des systèmes contradictoires entre lesquels vous avez à vous prononcer.

Il ne me reste plus qu'à rechercher si tout a été dit, et s'il n'y a pas certains documents législatifs ou de jurisprudence capables d'entraîner d'une façon définitive votre conviction.

Et tout d'abord, puisqu'il n'a point été discuté par l'Administration, revenons à l'argument tiré du rôle spécial de l'opposant à un jugement par défaut.

Un arrêt de cassation du 28 octobre 1810 décide que, si l'opposition est introduite par *une instance séparée* de celle sur laquelle est intervenu le jugement attaqué, elle en est néanmoins la suite immédiate, et se rattache à tous les actes antérieurs pour ne former qu'une seule et même instance. Et, comme aux termes de la loi, la péremption acquise s'applique à tous les actes de l'instance, elle fera tomber par voie de conséquence toute la procédure du jugement par défaut.

C'est ce que reconnaissent, avec la Cour de cassation, l'excellent dictionnaire de Bioche ainsi que le savant commentaire de Carré et Chauveau.

Mais alors, continuent ces derniers, l'opposant *seul* aura le droit d'invoquer cette péremption, « *ce qui paraît* contraire au principe d'après lequel le demandeur ne peut jamais invoquer la péremption dans sa propre instance. »

Cette conclusion serait en effet irréfutable, si l'opposant était réellement demandeur : mais il ne l'est pas, car c'est le fond qu'il faut examiner et non la forme accidentelle d'un jeu de procédure. Or, au fond, l'opposant était évidemment défendeur dans la première procédure, et il ne cessera pas de l'être parce qu'il est contraint, pour faire tomber le jugement par défaut, d'assigner son adversaire. C'est pourquoi, en sa qualité de défendeur, il sera seul admis à la péremption, ce qui confirme, au lieu de le violer, le principe général que Carré et Chauveau ont cru, par erreur, en péril.

La procédure que nous venons d'étudier à titre d'exemple n'offre-t-elle pas une analogie frappante avec une instance d'enregistrement?

Dans l'une comme dans l'autre, le créancier, c'est-à-dire le demandeur véritable, a obtenu un *titre exécutoire* hors la présence du débiteur: c'est un jugement par défaut dans le premier cas, c'est la contrainte valant exécution parée dans le second.

Dans l'une comme dans l'autre, le débiteur et le redevable poursuivis n'ont qu'un moyen de suspendre l'exécution du titre obtenu par leur adversaire : c'est l'opposition devant le Tribunal, réalisée par une assignation, simple forme obligatoire qui ne peut intervertir les rôles fondamentaux et respectifs des parties.

Dans l'une comme dans l'autre, l'opposant est donc le véritable *défendeur*, car il se *défend* contre un titre exécutoire.

Mais, dira-t-on, en matière d'enregistrement, c'est l'Administration qui se décerne à elle-même ce titre; il ne peut donc présenter aucune analogie possible avec un jugement même rendu par défaut?

La réponse est facile.

On oublie que, pour être valable, la contrainte doit impérativement être visée par le Juge de paix, c'est-à-dire par l'Autorité judiciaire. Elle prend dès lors toute la valeur d'une décision de justice avec ses conséquences les plus rigoureuses : le droit à l'hypothèque selon de très bons esprits, en tous cas celui incontesté de saisir sans commandement préalable (Cass. 21 juin 1821).

C'est pourquoi l'instruction générale réglementaire du 5 juin 1839 énonçait fort justement « que l'exécution de la contrainte devait être poursuivie *comme s'il y avait jugement.* »

Puis Championnière et Rigaud s'associaient à cette façon de voir quand ils disaient : « Lorsque la contrainte est devenue exécutoire par le visa du Juge de paix, l'exécution peut en être poursuivie *comme celle de tout jugement rendu au profit du Trésor.* »

Mais c'en est assez de cet argument d'analogie, si démonstratif soit-il, et il convient d'aborder une autre proposition de la Régie, à savoir que l'opposant à la contrainte serait demandeur, parce que ladite contrainte n'introduirait ni l'action, ni l'instance. C'est bien là, d'ailleurs, l'argument qu'on entend tirer de l'arrêt susvisé de 1883.

La Cour de cassation va nous éclairer sur ce point décisif :

« La contrainte, dit l'arrêt du 8 mars 1808, *est la* « *base* de la procédure sur laquelle est intervenu le « jugement..... *une instance* est régulièrement intro- « duite par une contrainte dans la forme légale. »

« La Régie, ajoute l'arrêt du 10 novembre 1812, est « non recevable, pour cause de *litispendance*, dans la « suite *d'une action qu'elle a intentée par une seconde* « *contrainte*, alors qu'elle ne s'est pas désistée de la « première, dont la *nouvelle procédure* avait pour but « de couvrir la nullité. »

« La Régie, énonce ensuite l'arrêt du 16 mai 1821, « en déclarant *se désister de la demande formée* par « sa contrainte du..... n'est pas censée renoncer à « l'action, mais seulement à la contrainte. »

« La contrainte, proclame enfin l'arrêt du 20 janvier « 1890, constitue un titre exécutoire qui donne à l'Admi- « nistration un droit d'exercer des poursuites, *une de-* « *mande en justice,* dont l'effet remonte au jour où « elle a été décernée. »

Voici donc le caractère de la contrainte nettement et souverainement déterminé ; elle est la *base* de la procédure ; *elle introduit l'instance* ; elle fournit, même irrégulière, une exception de *litispendance* ; elle constitue une *demande en justice.*

La rectitude de ces principes est confirmée d'ail- leurs par l'observation suivante :

Si la contrainte ne formait pas le premier acte de *l'instance*, si elle n'équivalait pas, dans ses effets, à un exploit introductif d'*instance*, si elle n'était qu'une sorte de menace préalable, sans lien étroit avec *l'instance*, le tribunal saisi seulement de l'opposition du redevable n'aurait à sa barre qu'un seul des deux intéressés. Dès lors, si la Régie ne signifiait pas à son tour des conclusions, le jugement à intervenir serait nécessairement rendu par défaut.

La Cour de cassation répond avec une parfaite fixité de doctrine à cette intéressante question :

« Attendu, dit un arrêt du 12 avril 1846, que, si les « art. 65 de la loi de frimaire an VII et 17 de la loi « de ventôse an IX portent que l'instruction des ins- « tances en matière d'enregistrement sera faite par « mémoires, ces lois ne déterminant pas la forme « dans laquelle ces mémoires doivent être rédigés, « la *contrainte motivée* décernée par la Régie et « l'opposition à cette contrainte peuvent suffire pour « la décision du Tribunal ». (Sirey 46.1.393.)

« Attendu, dit un autre arrêt tout récent du 2 mai « 1893, que, si l'article précité (65 de la loi du 22 frim. « an VII) porte que l'instruction se fera par mé- « moires respectivement signifiés, la loi de frimaire « an VII ne déterminant pas la forme....... (même ré- « daction).» (Revue de l'Enreg., art. 453.)

Ainsi, sur le vu de la contrainte et de l'opposition, le Tribunal juge contradictoirement. Qu'est-ce à dire, si ce n'est que la contrainte, dans la procédure d'en-registrement, est *la véritable demande en justice* ; de telle sorte que, l'opposition survenant, l'instance se trouve, non introduite ; mais liée contradictoire-ment.

Dans ces conditions, et au fond et en la forme, c'est bien la Régie qui, par la contrainte, est *deman-deresse*, et c'est contre elle que la péremption peut être invoquée.

Cette affirmation est d'ailleurs sanctionnée par l'arrêt de cassation du 18 avril 1821, le seul, je crois, qui ait jugé la question que vous avez à trancher.

Voici les termes de cette importante décision :

« Attendu que la demande en péremption d'ins-
« tance, invoquée pour la première fois le 14 novembre
« 1815 contre les poursuites de la Régie, ne l'a été que
« postérieurement à son assignation en reprise d'ins-
« tance, par laquelle la péremption avait été inter-
« rompue et couverte aux termes de l'article 399 du
« Code de procédure civile. »

Or, dans l'espèce, c'est *le redevable* qui invoque la péremption, puisqu'il l'oppose aux poursuites dont la contrainte est le premier acte. Donc la Cour de cassation lui reconnaît implicitement le droit d'invoquer la péremption. Elle lui attribue donc le rôle de *défendeur*, et, *a contrario*, elle considère l'Administration comme *demanderesse*.

C'est bien aussi ce que décide implicitement l'arrêt plus haut cité du 16 mai 1821, quand il dit : « La Régie, en déclarant *se désister* de la *demande* formée par la contrainte, etc... » Or n'est-ce pas le demandeur qui seul peut se désister, le désistement étant précisément pour lui ce que la péremption est pour le défendeur ?

Cette solution est du reste conforme à la logique, à l'équité, je dirai même au bon sens, et en voici une preuve nouvelle :

Les procès d'enregistrement se présentent sous deux formes absolument distinctes et opposées :

Dans la première, la Régie poursuit le paiement de droits dus, et alors elle décerne la contrainte dont le redevable arrête les effets par son opposition ;

Dans la seconde, au contraire, le redevable, croyant avoir payé à tort, ou avoir trop payé, assigne l'Administration en restitution.

Or la conséquence de la thèse du Trésor serait celle-ci, à savoir que, dans l'une comme dans l'autre hypothèse, le redevable serait toujours demandeur : *demandeur* dans la première, parce qu'il s'oppose à la contrainte avec assignation et refuse de payer; *demandeur* aussi dans la seconde, parce qu'il réclame une restitution par une assignation directe.

De telle sorte que dans les procès fiscaux le redevable n'aurait jamais le rôle de défendeur !

Ce résultat semble juger la question, car il est impossible d'admettre que deux situations diamétralement opposées puissent produire des effets identiques; or, comme le redevable assignant en restitution est sans aucun doute *demandeur*, il doit par contre être nécessairement considéré comme *défendeur*, quand il s'oppose simplement à l'exécution de la contrainte, par le seul moyen que la loi spéciale met à sa disposition.

Je terminerai l'étude de la jurisprudence en lisant l'arrêt caractéristique rendu par la Cour de cassation le 16 août 1877 (D. P. 77.1.208), et qui consacre d'une façon doctrinale irréfutable les principes appliqués dans toutes les décisions partielles qui ont passé sous vos yeux.

Voici cet arrêt remarquable :

« Attendu en droit, dit la Cour, que le créancier qui
« poursuit contre son débiteur le paiement de sa
« créance est *toujours demandeur principal dans*
« *l'instance* engagée à l'occasion de ces poursuites,
« soit qu'il ait porté sa réclamation devant les tribu-
« naux pour obtenir un jugement de condamnation,
« *soit qu'ayant un titre exécutoire*, il ait agi par
« voie d'exécution parée, et que le tribunal ait été
« saisi par *l'opposition du débiteur;* que dans ce
« dernier cas, en effet, l'opposition formée par le dé-
« biteur aux actes de poursuites dirigés contre lui
« n'est *qu'un moyen de défense* tendant à repousser
« l'action du créancier, en la faisant déclarer nulle et
« mal fondée;

« Qu'il suit de là que la demande en dommages-
« intérêts, formée par l'opposant à raison du préjudice
« que la poursuite de son créancier lui a occasionné,

« a tous les caractères d'une demande reconvention-
« nelle fondée exclusivement sur la demande princi-
« pale, et qu'elle ne doit pas être prise en considéra-
« tion pour la détermination de la compétence en
« premier ou en dernier ressort ;

« Attendu, en fait, qu'en exécution d'une contrainte
« décernée le 2 décembre 1873, Laporte, percepteur
« des contributions directe, avait fait signifier, le 10
« du même mois, à Nizet, syndic de la faillite Lesnès,
« un commandement de payer 572 fr. 88 c. pour les
« douzièmes échus de la patente du failli ; *qu'il s'était*
« *ainsi constitué demandeur* en paiement d'une
« somme inférieure au taux du dernier ressort ; *qu'en*
« *formant opposition à ce commandement et en*
« *citant le percepteur devant le tribunal civil*, Nizet
« a usé de la seule voie qui lui fût ouverte *pour dé-*
« *fendre à l'action dirigée contre lui ;*

« Que sa demande reconventionnelle en 2.000 francs
« de dommages-intérêts, ayant pour cause unique les
« divers actes de la poursuite, était fondée exclusi-
« vement sur la demande principale ; qu'elle ne pou-
« vait donc modifier la compétence du tribunal civil ;
« d'où il suit qu'en déclarant l'appel de Laporte rece-
« vable, par le motif que la somme demandée par
« Nizet excédait le taux du dernier ressort, l'arrêt
« attaqué a violé l'article ci-dessus visé, casse... »

« L'analogie entre les deux espèces est complète,
continue le mémoire de la Congrégation des Filles de
la Charité.

« Sans doute, devant la Cour de cassation, il s'agissait de savoir si l'appel interjeté par le poursuivant
était recevable ; aujourd'hui il y a lieu de rechercher
si la péremption peut être invoquée par l'opposant.
Mais, dans les deux cas, la raison de décider est la
même, puisque, dans les deux cas, la solution du
litige dépend du point de savoir à laquelle des deux
parties appartient le rôle de demandeur ou celui de
défendeur. La Cour de cassation a posé le principe de

droit : *c'est que le créancier qui poursuit contre son débiteur le paiement de sa créance est toujours demandeur principal dans l'instance engagée à l'occasion de ces poursuites,* MÊME *lorsque muni d'un titre exécutoire, comme dans l'espèce, le créancier agit par voie d'exécution parée, et que le Tribunal n'a été saisi que par l'opposition du débiteur.* La raison en est, ainsi que le dit encore l'arrêt précité, que l'opposition n'est qu'un moyen de défense tendant à repousser l'action du créancier.

« Dès lors, en faisant notifier à la Congrégation des Filles de la Charité, en exécution des contraintes susvisées, un commandement de payer les sommes dont l'Administration se prétend créancière à titre de droit d'accroissement, l'Administration de l'enregistrement s'est constituée demanderesse, et elle demeure toujours demanderesse dans l'instance engagée à l'occasion des poursuites qu'elle a entamées pour le recouvrement de sa créance. La Congrégation des Filles de la Charité se borne à se défendre contre cette demande, en formant opposition à ce commandement ; en citant l'Administration devant le Tribunal, elle ne fait qu'user de la seule voie qui lui soit ouverte par la loi pour défendre à l'action dirigée contre elle. Il importe peu, comme dit la Cour de cassation dans un autre arrêt du 16 août 1864 (Dal. 64.1.253), que « le débiteur opposant ait pris le rôle « de demandeur dans l'instance en validité de son « opposition, et qu'il ait conclu à la nullité de la « contrainte, puisque d'une part cette dernière de- « mande se réfère nécessairement aux actes d'exécu- « tion qui en sont la cause et le principe, tandis que « d'autre part l'effet de ces actes ne peut être neu- « tralisé ou suspendu que par l'opposition, laquelle « affecte ainsi tous les caractères d'une véritable « défense. »

Messieurs, après les deux arrêts si catégoriques que vous venez d'entendre, je ne fatiguerais pas plus longtemps votre attention, si je n'avais à vous donner connaissance d'un dernier argument, aussi *nouveau* qu'*impératif* : *nouveau*, car il dérive de circonstances postérieures aux mémoires que j'ai parcourus devant vous, *impératif*, parce que c'est le législateur lui-même qui le formule.

Vous savez, en effet, que le ministre des finances a fait insérer dans la loi budgétaire de 1895, une série de dispositions nouvelles modifiant d'une façon profonde l'économie des lois votées en 1880 et en 1884 à l'égard des Congrégations religieuses.

Or, le Trésor ne voulait pas que, pendant les lenteurs inhérentes aux discussions parlementaires, ses intérêts fussent lésés, ce qui serait incontestablement arrivé, la Régie ne pouvant plus logiquement poursuivre l'exécution des lois devenues moralement caduques du fait même des propositions nouvelles.

C'est pourquoi, sur l'initiative de qui de droit, la loi provisoire du 17 décembre 1894 contenait-elle un article 6 ainsi conçu : « Toutes prescriptions et pé-« remptions en matière de droit d'accroissement, à « la charge des congrégations religieuses autorisées « ou non autorisées, qui seraient acquises du 1er jan-« vier au 1er mars 1895, sont suspendues jusqu'à cette « dernière date, sans que la signification d'aucun acte « interruptif soit nécessaire. »

Puis, la solution définitive se faisant attendre, on dut voter une nouvelle loi, celle du 23 février 1895, dont l'art. 5 reproduisait celui qui précède, avec cette seule variante que le délai était prorogé d'un mois.

Enfin la loi définitive du 16 avril précise la situation dans ses articles 8 et 9 ainsi conçus :

« Art. 8. — Les congrégations, communautés et « associations qui, au moment de la promulgation de « la présente loi, *seront débitrices*, auront un délai « de six mois à partir de cette époque pour se libérer.

« Elles pourront opter.....

« Art. 9. — Toutes prescriptions et péremptions en « matière de droit d'accroissement à la charge des

« congrégations, communautés et associations autori-
« sées ou non, qui seraient acquises pendant le délai
« de six mois accordé à ces établissements pour l'op-
« tion..... seront suspendues jusqu'à l'expiration de
« ce délai augmenté d'un mois, sans que la significa-
« tion d'aucun acte soit nécessaire. »

Or, quelles sont ces péremptions, dont le législateur suspend l'échéance dans l'intérêt des finances
publiques, sinon précisément celles qui auraient pu
être acquises, pendant les délais prévus, au profit des
congrégations débitrices?

Ainsi, à trois reprises successives, le législateur a
reconnu solennellement, par cela même qu'il en sus-
pendait l'effet, le droit des Congrégations à invoquer
la péremption.

Dans ces conditions, on pouvait craindre que, le
délai prévu une fois expiré, les intérêts fiscaux ne
fussent de nouveau menacés; c'est pourquoi l'instruction générale n° 2282 du 6 mai 1895, après avoir re-
produit l'article 9 ci-dessus cité, adresse aux agents
de la Régie les instructions suivantes :

« Les directeurs prendront, sous leur responsabi-
« lité, dans le mois qui suivra l'échéance du délai
« d'option, toutes les mesures nécessaires pour la
« conservation des droits du Trésor, relativement aux
« sommes restées dues. »

Les articles respectifs 6, 5 et 9 des trois lois successives votées en cinq mois et la circulaire de la Direc-
tion générale seraient des *non sens,* si les Congrégations *débitrices,* selon les termes de la loi, c'est-à-
dire opposantes aux contraintes contre elles décer-
nées, n'avaient pas le droit d'invoquer la péremption.

C'est donc le législateur lui-même qui a pris soin de
juger la thèse de la Régie, et de fournir au Tribunal
une nouvelle base indiscutable de la décision à intervenir.

À la suite de ce rapport, lu le 13 juillet, le Tribunal a rendu le 20 juillet le jugement suivant :

Le Tribunal,

Attendu que l'Administration a fait signifier à la Congrégation des Filles de la Charité de Saint-Vincent-de-Paul deux contraintes : la première du 23 janvier 1886, procédant pour la somme de 1.687 fr. 50 c., à laquelle il a été formé opposition régulière suivant exploit du 30 du même mois ; la seconde, du 15 octobre 1890, procédant pour la somme de 200.000 francs, à laquelle il a été formé opposition régulière suivant exploit du 22 du même mois ; que dans ces deux instances, il a été respectivement signifié des mémoires dont le dernier, émanant de la Régie, porte la date du 20 avril 1891 ; qu'à partir de ce moment aucun acte de procédure n'a été échangé ; que dans ces circonstances, par deux exploits de Gillet, huissier à Paris, du 11 mai 1894, la Congrégation des Filles de la Charité a demandé contre l'Administration à faire prononcer la péremption des deux instances susvisées dans les termes de l'art. 397 C. pr. civ., plus de trois ans s'étant écoulés depuis le dernier acte signifié ;

Attendu que le Tribunal est ainsi saisi de deux demandes essentiellement connexes ;

En la forme, joint les causes pour être statué sur le tout par un seul et même jugement ;

Au fond :

Attendu que la Régie dans son mémoire se borne à prétendre que l'opposition contenant assignation constitue seule l'instance ; d'où suivrait que le redevable devrait être considéré comme demandeur, et ne saurait, par suite, invoquer la péremption, laquelle est exclusivement réservée au défendeur ;

Attendu que de son côté, dans son mémoire du 17 novembre 1894, la Congrégation des Filles de la Charité répond que le demandeur est celui qui poursuit le paiement d'une dette, et que telle est la situation de la Régie quand elle décerne la contrainte qui, dans la procédure spéciale à l'enregistrement, cons-

titue une véritable demande en justice ; qu'elle fait en
outre remarquer que l'obligation, imposée par cette
procédure aux redevables de suspendre l'effet de la
contrainte par une opposition contenant assignation,
ne saurait intervertir les rôles respectifs des parties,
et convertir en demandeur le redevable qui se défend
simplement contre les poursuites du Trésor ;

Attendu que toute la question consiste donc à savoir quelles sont les règles qui, dans un débat judiciaire et plus spécialement dans un procès avec la
Régie, doivent faire considérer comme demandeur
l'un ou l'autre des deux adversaires ;

Attendu qu'en l'absence de tout texte positif sur
ce point, c'est dans les principes généraux du droit
qu'il faut chercher la réponse ;

Or, attendu que le véritable demandeur, auquel à
ce titre incombe le fardeau de la preuve, est celui
qui demande une chose ; qui réclame l'exécution d'une
obligation, ou qui poursuit le paiement d'une dette ;
que, sans doute, dans la procédure de droit commun,
le demandeur étant en général obligé, pour faire va-
loir ses droits, d'assigner son adversaire, se confond
par cela même le plus souvent avec celui à la requête
duquel l'assignation est délivrée ; mais que ce serait
confondre l'effet avec la cause que de faire dépendre
du jeu de la procédure la répartition fondamentale
des rôles entre les deux parties en présence ;

Attendu que, même dans les instances de droit commun, ces principes sont incontestés ; que le créancier
qui poursuit son débiteur est toujours demandeur
principal, soit qu'il ait porté sa réclamation devant
le Tribunal pour obtenir un jugement de condamnation, soit qu'il ait agi par voie d'exécution parée, et
que le Tribunal ait été saisi par l'opposition du débiteur, cette opposition n'étant qu'un moyen de défense
tendant à repousser l'action du créancier en la faisant
déclarer nulle et mal fondée ; qu'il en est ainsi
notamment du débiteur qui porte en justice son
opposition à un jugement par défaut, ou qui de-

mande la nullité soit d'une saisie, soit d'un commandement ;

Attendu que telle est la situation de fait et de droit du redevable formant opposition à la contrainte ;

Attendu d'ailleurs que, voulût-on repousser cette analogie, et prétendre même qu'en procédure de droit commun le rôle de demandeur est déterminé par l'assignation, il n'en saurait résulter aucun argument en faveur de la thèse de la Régie : qu'en effet la loi de frimaire an VII soumet impérativement l'introduction, l'instruction et le jugement des procès d'enregistrement à une procédure toute spéciale ; que d'après celle-ci, la Régie qui poursuit le paiement de ce qu'elle croit dû est obligée d'intenter son action, non sous la forme d'un ajournement, mais sous celle d'une contrainte, à laquelle le visa obligatoire du juge de paix confère toute la valeur d'un titre d'exécution parée ;

Attendu dès lors que la contrainte est la base de la procédure ; qu'elle introduit l'instance ; que, même irrégulière, elle fournit une exception de litispendance ; qu'elle constitue une demande en justice ; que, par suite, le Tribunal peut juger contradictoirement sur le vu seul de la contrainte motivée et de l'opposition du redevable, situation qui serait inadmissible si le premier acte de poursuite n'était pas suffisant pour faire considérer la Régie comme demanderesse présente et concluante au procès ;

Attendu, par contre, qu'il importe peu que le débiteur opposant ait assigné dans l'instance en validité de son opposition et qu'il ait conclu à la nullité de la contrainte ; puisque, d'une part, cette dernière demande se réfère nécessairement aux actes d'exécution qui en sont la cause et le principe, tandis que, d'autre part, l'effet de ces actes, en vertu de la loi spéciale, ne peut être neutralisé ou suspendu que par l'opposition, laquelle affecte ainsi tous les caractères d'une véritable défense ; que, dans ces conditions, le redevable, en formant cette opposition et en assignant la Régie, ne perd pas son rôle initial de défendeur, et peut, dès lors, invoquer la péremption de l'instance dans laquelle il n'est et n'a jamais été demandeur ;

Attendu au surplus que, dans l'espéce, le droit des Congrégations à invoquer la péremption a été implicitement reconnu par le législateur qui, dans les trois lois des 17 décembre 1894, art. 6 ; 23 février 1895, art. 5, et 16 avril 1895, art. 9, a suspendu pendant des délais successifs les prescriptions et péremptions qui auraient pu être acquises pendant ces délais au profit des Congrégations débitrices, c'est-à-dire opposantes aux poursuites contre elles exercées ;

Attendu que l'art. 401 du Code de procédure civile, 1er alinéa, prononce l'extinction de la procédure périmée ;

Par ces motifs :

Dit la Congrégation des Filles de la Charité bien fondée dans sa demande ;

Déclare en conséquence périmées les instances dont s'agit, et par suite éteinte la procédure suivie dans chacune d'elles ;

Condamne l'Administration à tous les dépens qui, par application de l'article susvisé, 2e alinéa, comprendront tous ceux des deux instances périmées.

La même décision a été rendue en faveur des Congrégations de la Mission de Saint-Lazare ; des Pères du Saint-Esprit et du Saint-Cœur de Marie ; des Sœurs de Saint-Joseph de Cluny.

www.ingramcontent.com/pod-product-compliance
Ingram Content Group UK Ltd.
Pitfield, Milton Keynes, MK11 3LW, UK
UKHW021156140726
13695UKWH00005B/2170